L'ART DE NE PAS DONNER D'ÉTRENNES

A-PROPOS-VAUDEVILLE EN UN ACTE,

DE MM. LABICHE ET LEFRANC, Auguste

Représenté pour la première fois, à Paris, sur le théâtre du GYMNASE, le 29 Décembre 1847.

PERSONNAGES.	ACTEURS.
THOUVENEL, négociant	MM. GEOFFROY.
DUPITON, son associé	SYLVESTRE.
DE PONTRADI, propriétaire (costume de vieux lion)	PÉRÈS.
MADAME ROSE DUPITON	Mlles ANNA CHÉRI.
MADAME EUGÉNIE THOUVENEL	KŒLER.
UN DOMESTIQUE.	

NOTA. — S'adresser pour la musique, à M. JABIN, bibliothécaire et copiste au théâtre.

Porte principale au fond. — Deux portes aux angles. — Portes latérales. — Un bureau avec papiers et registres à gauche. — Un guéridon à droite. — Chaises.

SCÈNE PREMIÈRE.

DUPITON, seul, assis devant le bureau.

J'aurais beau vérifier vingt fois la même addition, je ne sortirai jamais de cet affreux total : deux mille francs. Deux mille misérables francs en caisse... un jour comme celui-ci... un 31 décembre !... Et pourtant ma maison est bonne... le commerce des papiers peints n'est pas en souffrance... mais la fin d'année a été dure... Les échéances... les remboursements... et tout cela vous tombe juste au moment des étrennes... (Il se lève.) époque fatale pour les maris, plus fatale encore pour les amants... et j'ai le malheur d'appartenir à ces deux branches... D'un côté, madame Dupiton, ma femme, compte sur un cadeau... c'est un abus... mais il date de la lune de miel, et il serait dangereux de le saper aujourd'hui... De l'autre, Armide, une ravissante petite chanteuse qui sort des bancs de l'école... de l'école lyrique... et qui m'a laissé lire dans ses yeux... des yeux charmants... que si j'étais convenable au jour de l'an, elle serait bonne princesse... Aux Rois... je pourrais bien partager le gâteau en deux... Chacune mille francs, ça ferait la somme... mais ma femme rêve un collier de diamants de chez Janisset... Un collier très dispendieux qu'elle m'a fait admirer vingt fois... Quant à Armide, c'est encore pis... Pour me distinguer de la foule de ses adorateurs, il faut que je frappe un grand coup... que je fasse comme Jupiter...

Air de *l'Apothicaire*.

Lorsque des dieux le gros major,
Pour séduire un minois terrestre
Se fondit en averse d'or
Ce dut être à la Saint Sylvestre...
Mais aurait-il pu réussir
S'il n'avait eu, je le suppose,
Que mille francs pour subvenir
Aux frais de la métamorphose.

Comment me tirer de là... Ah ! une idée... si j'allais trouver Thouvenel, mon associé...

SCÈNE II.

DUPITON, THOUVENEL.

THOUVENEL, *à part, en entrant par la droite.*
Je ne puis confier mon embarras qu'à Dupiton.

DUPITON, *se croyant seul.*
C'est un homme d'ordre, de conduite...

THOUVENEL, *id.*
C'est un homme rangé, qui fait des économies...

DUPITON, *id.*
Et qui me prêtera volontiers quelques mille francs...

THOUVENEL, *id.*
Et qui s'empressera...

DUPITON, *apercevant Thouvenel.*
Eh ! bonjour donc, mon cher Thouvenel... j'allais chez toi.

THOUVENEL.
Et moi je te cherchais...

1848

DUPITON.
Nous ne pouvions pas manquer de nous rencontrer, quand on habite le même appartement.

THOUVENEL.
J'ai profité du moment où ma femme est en grande conférence avec la tienne... pour venir causer avec toi seul à seul.

DUPITON.
Comme ça se trouve... justement je désirais aussi te parler en secret... Thouvenel, j'ai un service à te demander.

THOUVENEL.
Quelle chance !... moi qui, de mon côté...

DUPITON.
Peux-tu me prêter deux mille francs ?

THOUVENEL.
Allons, bon ! c'est justement la question que j'allais te faire !

DUPITON.
Ah ! diable !...

THOUVENEL.
Figure-toi qu'un de mes amis... un... Espagnol... a perdu hier cette somme au baccarat, et qu'il comptait sur moi...

DUPITON.
Ah ! c'est bizarre... un de mes camarades d'enfance... un Danois... a perdu le même capital au lansquenet... et il est venu frapper à ma caisse...

THOUVENEL.
Impossible de le satisfaire... ce pauvre Portugais...

DUPITON.
Portugais... Tu avais dit Espagnol...

THOUVENEL.
Ah ! l'Espagne et le Portugal... ça se touche... Tu sais ce que notre inventaire a fourni ?... Deux mille francs à chacun !... juste pour les étrennes de ma femme.

DUPITON.
C'est comme moi... Mon cadeau à madame Dupiton passe avant tout... J'en suis fâché pour cet infortuné Suédois.

THOUVENEL.
Tu avais dit Danois.

DUPITON.
Oh ! la Suède et le Danemark, c'est limitrophe.

THOUVENEL.
Dupiton, regarde-moi !

DUPITON.
Pourquoi faire ?

THOUVENEL.
Ton nez remue.

DUPITON.
Comment ?...

THOUVENEL.
Tiens, Dupiton, jouons cartes sur table...

Air : *Écu de six francs.*

Que sans détours chacun s'explique :
Ton Danois et mon Portugais
Sont tous deux de même fabrique,
Et leur drapeau je le connais...
A nul pouvoir, nulle couronne
Ils n'ont jamais prêté serment
N'admettant pour gouvernement
Que celui qui les subventionne.

DUPITON.
Au fait,... entre criminels à quoi bon finasser... Eh bien ! oui, Thouvenel, j'ai été entraîné... fasciné. Ma femme est charmante... mais il y a déjà cinq ans que je m'en aperçois...

THOUVENEL.
Je te comprends... C'est comme madame Thouvenel, elle a des charmes essentiels, mais immuables.

DUPITON.
Et puis cette Armide est si coquette !... Tu ne l'as pas entendu chanter, rue de la Tour-d'Auvergne... Ça a fait augmenter les loyers !

THOUVENEL.
Et Amanda, tu ne l'as pas vu danser à Chanteraine ; elle se tient sur ses pointes... comme un paratonnerre...

DUPITON, *retournant à son bureau.*
Ah ! Thouvenel ! un fabricant de papiers peints a bien tort de s'enflammer... fin décembre !

THOUVENEL, *s'approchant du bureau et feuilletant un agenda.*
A qui le dis-tu ?... Nous n'aurions dû commencer... qu'aux Rameaux, nous nous en serions tirés avec... un bouquet de violettes.

DUPITON.
Oui, mais aujourd'hui la violette... c'est trop modeste... Il faudrait trouver un moyen adroit de supprimer les étrennes conjugales.

THOUVENEL.
Que faire ? c'est très embarrassant !... (*Il passe à l'extrémité droite du théâtre.*)

SCÈNE III.
DUPITON, DE PONTRADI, THOUVENEL.

PONTRADI, *entrant, à part.*
Ah ! les maris sont là..., je suis fâché d'être venu...

THOUVENEL.
Ah ! c'est M. de Pontradi !

DUPITON.
Notre propriétaire.

PONTRADI, *allant à Thouvenel.*
Messieurs, permettez-moi de vous la serrer avec effusion... (*Allant à Dupiton.*) Permettez-moi de vous la serrer... (*Thouvenel remonte.*) Ah çà ! je n'aperçois pas ces dames...

SCENE IV.

DUPITON.
Elles sont occupées. (*Bas à Thouvenel.*) Il vient pour elles.

THOUVENEL.
Tu crois... le fait est qu'il est toujours fourré ici. (*Haut, allant à Pontradi.*) Peut-on savoir ce qui nous procure l'honneur?...

PONTRADI.
Moi? Je viens,.. je viens savoir si par hasard vos cheminées ne fumeraient pas.

THOUVENEL.
Mais oui, elles fument...

PONTRADI.
Vraiment?

THOUVENEL.
Voilà trente fois que je vous le dis.

PONTRADI.
Très bien... Il faut les faire ramoner.

DUPITON.
Et puis votre escalier est d'un noir...

PONTRADI.
Ah! très bien!.. c'est le temps qui est sombre... Est-ce tout?

THOUVENEL.
Non!... il y a une fissure au plafond de la salle à manger...

PONTRADI.
Ah!

THOUVENEL.
C'est très désagréable!

PONTRADI.
Je connais ça!...

THOUVENEL.
Parce que quand il pleut...

PONTRADI.
Soyez tranquille, il va geler... Serviteur *.

DUPITON, *le ramenant.*
Du tout, du tout, nous devons être clos et couverts... et puisque nous vous tenons...

PONTRADI.
Eh bien! je vais voir, examiner, chercher un moyen...

THOUVENEL.
Vous feriez mieux de chercher un couvreur.

PONTRADI.
C'est que je suis bien pressé... c'est aujourd'hui le 31 décembre, il faut que j'aille chez mon neveu...

THOUVENEL.
Ah! ah! pour lui porter ses étrennes?

PONTRADI.
Oh non!... au contraire...

DUPITON.
Je disais aussi...

PONTRADI.
Ce n'est pas ma faute..... ce pauvre garçon! je ne peux jamais parvenir à lui donner d'étrennes.

* D. P. T.

THOUVENEL.
Tiens! comment ça?...

PONTRADI.
Tous les ans, à la saint Sylvestre... je lui fais une petite visite... à ce cher ami... nous causons, nous parlons... politique... il a son opinion, moi, j'ai la mienne. La discussion s'anime, s'échauffe, il m'appelle momie, je le traite de cannibale, et c'est comme un fait exprès... nous nous quittons toujours brouillés...

THOUVENEL ET DUPITON.
Ah!

PONTRADI.
Brouillés à mort!...

THOUVENEL ET DUPITON.
Brouillés à mort?

PONTRADI.
Jusqu'au carnaval!... mais j'ai hâte de l'embrasser ce cher neveu... Messieurs! je vous la serre avec effusion.

THOUVENEL.
Un instant! Et notre réparation?

PONTRADI.
Vous y tenez donc beaucoup?

DUPITON, *indiquant la porte à gauche dans l'angle.*
C'est par ici.

CHŒUR.
THOUVENEL, DUPITON.
A mes/ses vœux rendez vous enfin,
On doit satisfaire
Un bon locataire;
Avec moi/lui si vous jouez au fin,
Je donne congé pour le terme prochain.

PONTRADI.
A ses vœux je me rends enfin,
Il faut satisfaire
Un bon locataire.
Avec lui si je jouais au fin
J'aurais son congé pour le terme prochain.
(*De Pontradi entre à gauche.*)

SCENE IV.
THOUVENEL. DUPITON.

DUPITON.
Et nous qui cherchions un moyen.

THOUVENEL.
Ah! ah! nous allons parler politique?

DUPITON.
Oui, mais si ma femme allait se fâcher sérieusement, me prendre en grippe.

THOUVENEL.
Mais, au contraire, il n'y a rien de tel qu'une bonne petite querelle, ça réveille, ça ragaillardit, ça fait circuler.

DUPITON.
C'est vrai, nous ne circulons plus... et maintenant... circulons, circulons *.

* D. T.

THOUVENEL.

Quant à moi, je brûle d'entrer en lice... Voyons, qu'est-ce que je pourrais bien faire à madame Thouvenel qui lui soit très désagréable? (*Il se met dos à dos avec Dupiton.*)

DUPITON.

Qu'est-ce que je pourrais donc bien dire à madame Dupiton d'assez mortifiant... (*Avec mépris.*) Madame!...

THOUVENEL, *avec hauteur.*

Madame!...

DUPITON, *de même.*

Je trouve...

THOUVENEL, *de même.*

Oui!... je trouve...

DUPITON, *se retournant.*

Je ne trouve rien!...

THOUVENEL, *de même.*

Moi non plus!

DUPITON.

Si tu ne m'aides pas un peu...

THOUVENEL.

Voilà ce que c'est que de prendre de mauvais plis!

Air : *Pour la Baronne.*

Pour mieux leur plaire,
On devient leur humble sujet;
On abdique son caractère,
On s'observe, on se contrefait
Pour mieux leur plaire.

DUPITON.

Même air.

De leur déplaire,
Plus tard si l'on cherche un sujet.
On se trouve dans une ornière ;
Car on a perdu le secret
De leur déplaire.

THOUVENEL.

Ah! les maris sont d'une imprévoyance. (*Il va s'asseoir à droite.*)

DUPITON, *assis à gauche.*

C'est bien vrai... Dis-donc, si nous mangions de l'ail?

THOUVENEL.

Ah! pouah!... d'abord je ne l'aime pas. Si nous fumions?...

DUPITON.

Fi donc... ça m'incommode... Par exemple, je vais reprendre ma tabatière. (*Il la prend dans le tiroir du bureau.*) La voilà... j'y avais renoncé... une faiblesse... je suis si faible avec madame Dupiton... Maintenant je vais priser... comme un grand capitaine... et je connais ma femme... (*Il se lève.*) A la moindre taquinerie elle monte, elle monte... elle m'a boudé une fois pour lui avoir soutenu que l'obélisque était d'un seul morceau.

THOUVENEL.

Ce n'est pas l'embarras... madame Thouvenel de son côté a l'humeur si chatouilleuse... il est clair qu'à la première contrariété...

DUPITON.

Oh! j'ai mon affaire! (*Il sonne.*)

THOUVENEL, *se levant.*

Quoi donc?

DUPITON, *à un domestique qui entre.*

Allez me chercher dans le grenier ma vieille clarinette.

THOUVENEL.

Au fait... je n'y pensais pas. (*Au domestique.*) Vous me descendrez aussi mon ophycléide... en si bémol. (*Le domestique sort.*)

DUPITON.

Moi qui ai renoncé à cet instrument parce qu'il lui portait sur les nerfs.

THOUVENEL.

Moi qui ai laissé se rouiller un joli talent, par condescendance pour ses migraines.

DUPITON.

Ah! madame Dupiton, quel concert je vais vous donner.

THOUVENEL.

Ah! madame Thouvenel, vous allez avoir de l'agrément!

DUPITON.

Mais je crois entendre ma femme... oui, c'est elle... silence *.

SCÈNE V.

THOUVENEL, DUPITON, MADAME DUPITON, *entrant par la droite.*

MADAME DUPITON, *à Dupiton.*

Bonjour, mon ami... (*Allant à Thouvenel.*) Je viens vous chercher, monsieur Thouvenel.

THOUVENEL.

Moi, belle dame**?

MADAME DUPITON.

C'est votre femme qui veut absolument vous consulter... (*A son mari.*) Vous savez, mon ami...

DUPITON.

Quoi!...

MADAME DUPITON.

Nous allons au bal ce soir?... Un bal très élégant, il est tout simple que nous songions à nous y présenter avec tous nos avantages... Il faut bien vous faire honneur.

DUPITON, *à part.*

Nous y voilà... le collier!

MADAME DUPITON.

Mais, comme avant tout, notre premier désir est de plaire à nos souverains maîtres... nous

* T. D.
** T. madame D. D.

voulons prendre leurs avis, leurs conseils sur les moindres détails de notre toilette... Vous avez du goût, monsieur Thouvenel.

THOUVENEL.
Ah! Madame.

MADAME DUPITON.
Beaucoup de goût... Votre femme le sait... et elle vous attend au milieu de tous nos chiffons.

THOUVENEL, à part.
L'écharpe! (Haut.) C'est très aimable, et je cours*...

DUPITON, bas à Thouvenel.
Ne vas pas faiblir.

THOUVENEL, de même.
Plutôt la mort!... (Fredonnant.) que l'esclavage!... C'est la devise... (Il sort à droite.)

~~~~~~~~~~~~~~~~~~~~~~~~~~~~~~~~~~~

SCÈNE VI.

MADAME DUPITON, DUPITON.

MADAME DUPITON, à son mari qui s'est assis à droite.
Ne soyez pas jaloux, Théodore... vous serez aussi appelé à la délibération à votre tour...

DUPITON, amèrement.
Oh! moi, je n'ai pas de goût... Il est convenu que je suis un Barbare... un Velche : vous l'avez dit tant de fois...

MADAME DUPITON.
Moi, par exemple!

DUPITON.
Pourtant... si je voulais m'en donner la peine... je pourrais tout comme un autre reprendre, critiquer... (Il se lève.) Si vous croyez que votre toilette est irréprochable...

MADAME DUPITON, à part.
Hein! Qu'est-ce qu'il a donc?

DUPITON.
L'autre jour encore, au spectacle, vous aviez mis un chapeau vert... eh bien! un chapeau vert... ce n'est pas un chapeau... c'est un abat jour.

MADAME DUPITON, vivement.
Pourtant, Monsieur...

DUPITON, à part.
Très bien! (Haut.) Non, Madame, non... Vous avez beau dire...

Air : *Je voulais bien.* (Fra Diavolo.)

Un chapeau vert, un chapeau vert!
C'est odieux, c'est détestable,
Il n'est rien de plus déplorable.
Jusqu'à ce jour j'aurai souffert
Un chapeau vert! un chapeau vert!

(Parlé.) Elle va éclater, c'est sûr.

* Madame D. T. D,

MADAME DUPITON, continuant l'air, avec câlinerie.
A le blâmer je t'encourage,
Car ton avis, je le partage,
Ce chapeau, je crois, au surplus,
L'avoir classé dans les rebuts
N'en parlons plus, n'en parlons plus.
Le chapeau vert est un abus,
Allons, n'en parlons plus.

DUPITON, à part.
Ah! bah!

MADAME DUPITON.
Aimes-tu le rose?... J'en ai commandé un rose.

DUPITON.
Parbleu, c'est ça, commander... toujours commander... et puis à la fin de l'année le pauvre mari est obligé de payer des factures exorbitantes*.

MADAME DUPITON.
Ah! c'est bien vrai ça... exorbitantes, c'est le mot... car aujourd'hui ces marchandes de modes sont d'un cher...

DUPITON, à part.
Je vois qu'il faudra en venir à la clarinette. (Tout à coup.) Ah! ma tabatière... (Prenant une prise avec affectation.) Ah! que c'est bon... ah!

MADAME DUPITON.
Comment... vous prisez?

DUPITON.
Mais oui... (Déclamant.)

« Quoi qu'en dise Aristote et sa docte cabale,
« Le tabac est.....

(A part.) Trop sec.

Air : *Même que le précédent.*

Quel bon tabac! quel bon tabac!
C'est ravissant, c'est adorable,
Il n'est rien de plus délectable.
Je préfère même au cognac
Le bon tabac, le bon tabac.

MADAME DUPITON, s'appuyant sur son bras.
Autrefois je ne l'aimais guère,
Mais maintenant je le tolère,
Pour toi, lorsqu'il a tant d'appas.
Oui, je promets d'en faire cas,
Ainsi donc ne te gêne pas;
Tu peux priser sans embarras,
Ne te gêne pas!

DUPITON, parlé.
Comment! elle ne dit rien!...

MADAME DUPITON, à part.
Il me le paiera!...

DUPITON, à part.
Et ma clarinette qui n'arrive pas... Ah! (Le domestique entrant remet à Dupiton la clarinette.)

MADAME DUPITON.
Ah! monsieur Dupiton! si ce n'était pas le 31 décembre...

* D. madame D.

DUPITON *a pris sa clarinette et s'est assis à gauche.*

Mourir pour sa patrie! (*Il joue le commencement de l'air annoncé.*)

MADAME DUPITON, *lui remuant le bras avec impatience.*

Qu'est-ce que vous faites donc, Monsieur! (*Ce mouvement a fait faire un couac à Dupiton.*)

DUPITON.

Je fais un couac!... et c'est votre faute...

MADAME DUPITON.

Mais que signifie?...

DUPITON, *montrant sa clarinette.*

J'ai l'intention de m'y remettre.

MADAME DUPITON.

Ah!

DUPITON.

Oui, c'est un instrument qu'on a négligé pendant un temps; mais on y reviendra. (*Il recommence l'air de* : Mourir pour sa patrie. *On entend dans la coulisse Thouvenel qui joue la suite de l'air sur l'ophycléide.*) Ah! ah! Thouvenel en est aussi au bouquet.

MADAME DUPITON, *avec douceur.*

Il paraît que vous êtes plusieurs musiciens dans la maison?... Eh bien, vrai, ce n'est pas trop mal, et je commence à croire qu'à la longue... je pourrai m'y faire.

DUPITON.

Ah! pour le coup... (*Il souffle dans sa clarinette avec rage.*)

MADAME DUPITON.

Très bien! ah! très bien!... Je n'aurais jamais cru que la clarinette offrît tant de ressources! (*On entend encore l'ophycléide de Thouvenel.*) Je la préfère de beaucoup à l'ophycléide. (*S'asseyant à droite.*) Continuez donc, Monsieur, soufflez! soufflez!...

DUPITON, *à part.*

Soufflez, soufflez... Je n'en peux plus, je n'ai plus de souffle.

SCÈNE VII.

DUPITON, THOUVENEL, MADAME THOUVENEL, MADAME DUPITON.

MADAME THOUVENEL, *à son mari qui entre avec son ophycléide.*

Eh bien! vraiment, tu m'as fait plaisir. (*A madame Dupiton.*) As-tu entendu mon mari... N'est-ce pas qu'il joue de l'ophycléide dans la perfection? (*Les deux femmes causent bas entre elles à droite.*)

THOUVENEL, *très essoufflé, à Dupiton.*

Mon ami, le coup est manqué... ma femme est d'une douceur massacrante.

DUPITON, *de même.*

Et la mienne d'une mansuétude diabolique.

THOUVENEL, *de même.*

Il faut trouver autre chose.... qui essouffle moins.

MADAME THOUVENEL, *à madame Dupiton.*

Je crois que c'est le moment d'offrir nos petits présents... ça les encouragera.

MADAME DUPITON.

Oh! attends-moi... Ce maudit bonnet grec n'est pas encore terminé.

MADAME THOUVENEL.

Dépêche-toi.... ma cravate brodée est toute prête. (*Elle la lui montre; c'est une cravate cerise.*)

SCÈNE VIII.

LES MÊMES, PONTRADI.

PONTRADI, *entrant par l'angle de gauche.*

Ah! salut à mes charmantes voisines. (*A la vue de Pontradi chacun des maris va déposer son instrument, Thouvenel dans l'appartement à droite, Dupiton dans celui à gauche.*) Toujours plus fraîches et plus jolies.

MADAME DUPITON.

Et vous, toujours galant.

PONTRADI.

Que voulez-vous, c'est dans le sang, je distille le madrigal comme l'abeille son miel. (*A part.*) Je ne le crois pas mauvais celui-là. (*A ces dames.*) Je distille...

THOUVENEL ET DUPITON, *rentrant, à Pontradi.*

C'est bien .. c'est bien *...

PONTRADI, *à part.*

Ils sont jaloux. (*Haut.*) Je viens de voir votre salle à manger.

THOUVENEL.

Eh bien?

PONTRADI.

Eh bien, c'est une crevasse.

DUPITON.

Ah!..

PONTRADI.

Je ne peux pas le nier... mais j'ai trouvé un moyen.

DUPITON.

Voyons.

PONTRADI.

J'ai mis un plat dessous.

DUPITON.

Ah! oui... oui... et quand il sera plein?

PONTRADI.

Vous en mettrez un autre.

THOUVENEL.

J'ai l'honneur de vous remercier... (*Fouillant à sa poche.*) Combien est-ce? (*Il remonte du côté*

* Madame T. T. P. D. madame D.

SCÈNE VIII.

de l'angle de gauche comme pour voir l'effet du plat.)

MADAME THOUVENEL.
M. de Pontradi ne veut pas faire de frais pour son troisième étage...

PONTRADI, *galamment.*
Ah! Mesdames, si vous occupez le troisième dans ma maison... dans mon cœur... vous êtes au premier.

MADAME THOUVENEL.
Ah! que c'est joli.

MADAME DUPITON.
Et nouveau.

DUPITON.
Très nouveau. *(Il va rejoindre Thouvenel en se moquant de Pontradi.)*

PONTRADI, *à ces dames.*
Je vous en ai réservé l'étrenne.

MADAME DUPITON.
Ah! ce sont là vos étrennes, monsieur de Pontradi?

PONTRADI.
Permettez... J'espère bien ce soir vous en offrir d'un autre genre... quelques bonbons. *(A madame Thouvenel.)* Aimez-vous les pastilles de menthe?

MADAME THOUVENEL, *riant.*
Certainement.

PONTRADI, *à madame Dupiton.*
Aimez-vous les anis de Verdun?

THOUVENEL, *redescendant avec Dupiton*.
A propos... et votre neveu?

PONTRADI.
C'est juste... ah! que de choses à faire aujourd'hui : voir mon neveu et puis une chanteuse, et puis une danseuse.

DUPITON ET THOUVENEL.
Comment?.. ah! gaillard!

PONTRADI.
Oh! non, vrai... ce n'est pas pour ça, c'est un service que je rends à un ami, un directeur de théâtre... à Philadelphie. Il m'a chargé de lui expédier deux sujets, et hier, mademoiselle Amanda...

THOUVENEL.
Ah! mon Dieu!

MADAME THOUVENEL.
Quoi?

THOUVENEL.
Rien.

PONTRADI.
Et mademoiselle Armide...

DUPITON.
Comment?

MADAME DUPITON.
Hein?

DUPITON.
Rien.

PONTRADI.
Ces dames sont venues chez moi... mais elles se feraient siffler à Pont-sur-Yonne... je ne les engagerai pas.

THOUVENEL.
Et vous ferez bien.

MADAME THOUVENEL.
Qu'est-ce que ça vous fait?

THOUVENEL.
Moi, rien.

MADAME THOUVENEL, *à son mari.*
Ah! Monsieur...

THOUVENEL.
Par exemple!.. Un pareil soupçon... Est-ce que je suis jaloux de toi, moi? *(Les dames remontent avec Pontradi. A part.)* Ah! quelle idée!... oui, c'est cela. *(Bas à Dupiton.)* Renvoie ta femme... j'ai à te parler... j'ai trouvé quelque chose.

DUPITON, *à sa femme.*
Chère amie... j'ai à causer avec Thouvenel... de notre inventaire. *(Les dames redescendent à droite.)*

MADAME DUPITON.
C'est bien, c'est bien, on vous laisse. *(Bas à madame Thouvenel.)* Je suis sûre qu'il s'agit de nos étrennes, retirons-nous.

MADAME THOUVENEL, *bas.*
Tu crois?.. je voudrais bien les entendre.

MADAME DUPITON, *bas.*
C'est facile, en laissant la porte entr'ouverte. *(Haut.)* Nous vous laissons...

MADAME THOUVENEL, *envoyant un baiser à son mari.*
Adieu, Thouvenel!

MADAME DUPITON, *même jeu.*
Adieu, Dupiton!

CHŒUR.
Air : *Par maints détours.* (Existence décolorée.)

MADAME THOUVENEL ET MADAME DUPITON.
Vous obéir
Sans plainte,
Sans contrainte,
Accomplir
Votre moindre désir,
Chers époux,
C'est un devoir bien doux
Pour nous ;
Nos cœurs en sont jaloux.

THOUVENEL, DUPITON, PONTRADI.
Il faut partir,
Sans plainte,
Sans contrainte,
Obéir,
N'est-ce pas un plaisir,
Quand l'époux
De ses droits les plus doux
Jaloux,
Vous commande à genoux.

(Les deux femmes entrent à droite, Pontradi sort par le fond.)

---

* Madame T. T. P. D. madame D.

SCÈNE IX.

DUPITON, THOUVENEL, MADAME DUPITON, MADAME THOUVENEL, *écoutant dans le cabinet de droite.*

DUPITON.
Voyons, vite, ton idée.

THOUVENEL.
Dupiton, as-tu confiance en moi ?

DUPITON.
Tiens ! cette question... un vieil ami.

THOUVENEL.
Dupiton, as-tu confiance en ta femme ?

DUPITON.
Oh ! ça... je la confierais à Richelieu.

THOUVENEL.
Il est mort.

DUPITON.
Ça m'est égal !

MADAME THOUVENEL, *entr'ouvrant la porte du cabinet.*
Je suis sûre qu'ils s'occupent de nous. (*Elle écoute.*)

THOUVENEL.
Maintenant voici l'ordre et la marche. Tu vas faire la cour à ma femme... c'est ennuyeux, je le sais bien... mais je ferai la cour à la tienne.

MADAME THOUVENEL, *à part.*
Par exemple !

DUPITON.
Comment, tu veux ?... Quelle drôle d'idée... Et pourquoi ça ?

THOUVENEL.
Tu ne devines pas ? Je tombe aux genoux de madame Dupiton, tu tombes aux genoux de madame Thouvenel, je te surprends, tu me surprends... de là colère, jalousie, scène violente ; tu casses un meuble, je brise une assiette. Comment, Madame ! une pareille conduite !... et moi qui allais vous acheter cette magnifique écharpe de dentelle... toi, ce superbe collier... Mais tout est fini ; plus de cadeaux ! plus d'étrennes ! Ah ! madame !

DUPITON, *de même.*
Ah ! Madame !... c'est charmant !

THOUVENEL.
Et le lendemain, tout s'explique, tout s'éclaircit... tu étais aux pieds de ma femme pour ramasser...

DUPITON.
Une épingle !

THOUVENEL.
Mais il est trop tard, le jour de l'an est passé, l'écharpe sera pour l'année prochaine...

DUPITON.
Oui... si nous ne trouvons pas autre chose.

MADAME DUPITON, *entr'ouvrant la porte.*
Ah ! j'en apprends de belles !

THOUVENEL.
Et de cette façon tu achètes pour deux mille francs de n'importe quoi à ton Armide, et moi je comble Amanda de toute sorte de choses.

MADAME DUPITON, *à part.*
Ah ! les monstres ! (*Elle disparaît.*)

DUPITON.
Chère Armide !

THOUVENEL.
Chère Amanda !

DUPITON.
Pauvres petites chattes... et ce Pontradi qui voulait nous les expédier pour l'autre monde.

THOUVENEL.
Ah ça ! la journée s'avance... ne perdons pas de temps.

DUPITON.
Mais je pense à une chose... il s'agit d'entrer à propos... au bon moment... pour surprendre...

THOUVENEL.
C'est juste, il faudrait un signal pour nous prévenir. (*Cherchant.*) Voyons donc...

DUPITON, *éternuant.*
Atchum !

THOUVENEL.
Eh ! parbleu... le voilà... dès que nous serons à genoux, nous éternuerons... fort, très fort... cette cloison est mince.

DUPITON.
Délicieux !... ça passera pour de l'émotion... (*Offrant du tabac à Thouvenel.*) Tiens, une prise, ça facilite.

THOUVENEL, *puisant dans la tabatière.*
Volontiers... Ainsi, voilà qui est convenu ; commence ; moi je reste ici, l'oreille au guet.

DUPITON.
Non, non, j'aime mieux que ce soit toi.

THOUVENEL.
J'ai eu l'idée.

DUPITON.
J'aurais pu l'avoir.

THOUVENEL.
Eh bien ! faisons mieux, commençons ensemble, le premier arrivé éternuera.

DUPITON.
Adopté !

SCÈNE X.

DUPITON, THOUVENEL, MADAME DUPITON.

MADAME DUPITON, *à part.*
Ah ! messieurs nos maris !... nous allons voir.

THOUVENEL, *bas à Dupiton.*
Ta femme, laisse-nous !

DUPITON, *à sa femme.*
Ah ! te voilà, ma bonne amie... nous faisions... nos comptes... et comme j'ai besoin d'un renseignement... je te laisse avec Thouvenel. (*Bas à Thouvenel.*) Je vais retrouver la tienne.

SCENE XI.

THOUVENEL, *bas à Dupiton.*

Sois brûlant. (*A madame Dupiton.*) Enchanté, Madame, ravi...

DUPITON, *revenant, bas à Thouvenel.*

Dis donc, n'oublie pas le signal, hein ?

THOUVENEL, *de même.*

Sois donc tranquille !

DUPITON, *lui tendant sa tabatière.*

Encore une !

THOUVENEL.

Ça facilite !

DUPITON, *à sa femme.*

Je te laisse avec Thouvenel. (*Il entre à droite.*)

SCÈNE XI.

THOUVENEL, MADAME DUPITON.

MADAME DUPITON, *assise près du bureau, et achevant de broder un bonnet grec, à part.*

Voyons-le venir !

THOUVENEL, *à part.*

Qu'est-ce que je vais lui dire... c'est une vraie corvée. (*Tout à coup, avec passion.*) Ah ! Madame !

MADAME DUPITON.

Qu'avez-vous donc ?

THOUVENEL.

J'ai... j'ai .. j'ai bien l'honneur de vous saluer.

MADAME DUPITON.

Vous m'avez fait une frayeur...

THOUVENEL, *aimable.*

Ah ! suis-je donc si effrayant ? (*A part.*) Ce n'est pas maladroit.

MADAME DUPITON.

Effrayant ? non ; mais...

THOUVENEL.

Achevez... me feriez-vous l'honneur de me croire dangereux ?

MADAME DUPITON.

Qui sait ! vous êtes très aimable quand vous voulez.

THOUVENEL, *avec modestie.*

Oh ! oh ! (*A part.*) Mais elle y vient... elle y vient, et... en la regardant... elle n'est pas mal, cette femme-là.

MADAME DUPITON.

A quoi pensez-vous donc ?

THOUVENEL, *avec sentiment.*

Demandez-moi à qui ? et non à quoi ? (*Se rapprochant.*) Je pense à une... brune charmante...

MADAME DUPITON.

Monsieur...

THOUVENEL.

Je ne la nommerai pas !... qui est auprès d'une table... occupée à broder un bonnet grec.

MADAME DUPITON, *avec coquetterie.*

Oh ! monsieur Thouvenel !...

THOUVENEL.

Je ne l'ai pas nommée !

MADAME DUPITON, *avec coquetterie.*

Ne me regardez donc pas comme ça... je ne suis pas coiffée... Je dois être laide à faire peur.

THOUVENEL.

Vous, faire peur ! (*A part.*) Mais c'est qu'elle est très bien la femme à Dupiton. (*Haut.*) Tenez, Madame, je vous demande pardon... jusqu'à présent j'ai vécu à côté de vous... comme Bélisaire, sans vous regarder... et maintenant... (*A part.*) Bien mieux qu'Amanda.

MADAME DUPITON.

Et maintenant ?

THOUVENEL.

Maintenant que je vous regarde, je vous vois, je vous aspire, je vous respire..... comme une fleur... que vous êtes.

MADAME DUPITON, *se levant.*

Finissez, monsieur Thouvenel !... vous me faites tromper... De votre part je ne suis pas habituée... à tant d'honnêtetés. (*Elle va près du guéridon, à droite.*)

THOUVENEL, *à part.*

Elle appelle ça des honnêtetés. (*Haut.*) Madame... je vous en prie... laissez votre ouvrage... et causons.

MADAME DUPITON.

C'est impossible ! Un cadeau de jour de l'an... On y compte.

THOUVENEL, *à part.*

Oh ! elle appelle son mari *on*.... c'est bon signe. (*Haut.*) Ah ! Dupiton est un mortel bien heureux !

MADAME DUPITON.

Vous croyez ?... que vous êtes méchant...

THOUVENEL.

Dame !... ce bonnet...

MADAME DUPITON.

Il est vrai que je l'ai commencé pour lui...

THOUVENEL, *lui saisissant la main.*

Ah ! si vous pouviez le finir pour un autre ?

MADAME DUPITON.

Comment ?

THOUVENEL.

Vous savez...

Air de l'*Anonyme*.

Dans son chemin bien souvent on s'égare,
On veut partir pour le Nord un beau jour ;
Mais du destin, voyez l'effet bizarre,
C'est au Midi que nous conduit l'amour ;
De tout projet la fin est incertaine,
Plus d'une femme, on vous l'affirmera,
Dévotement part pour la Madeleine,
Et par mégarde arrive à l'Opéra.
Furtivement, elle entre à l'Opéra.

(*Parlé.*) Oh ! entrez donc un peu à l'Opéra !

MADAME DUPITON, *achevant sa broderie.*

Là... voilà qui est fini... Je serais curieuse de voir comment il fait... monsieur Thouvenel.

T. madame D.

THOUVENEL.

Madame!

MADAME DUPITON.

Est-ce que vous auriez la bonté de me prêter votre tête... pour une minute.

THOUVENEL, se précipitant à ses genoux.

Comment donc! mais ma tête..... mon cœur, tout est à vous!

MADAME DUPITON, lui posant le bonnet sur la tête.

Eh bien! eh bien!

THOUVENEL, à part.

C'est qu'elle est très bien! très bien! la femme à Dupiton!

MADAME DUPITON.

Mais, tenez-vous donc tranquille!

THOUVENEL.

Eh bien! non! ange du ciel! fée! Péri! Sylphide!

MADAME DUPITON, le repoussant.

Finissez, Monsieur. (A part.) Il va trop loin*!

THOUVENEL, toujours à genoux.

Finir! quand je commence... quand je brûle! quand je bous! quand... (A part.) Ah! mon Dieu... ce tabac... j'ai envie d'éternuer. (Haut.) Madame...

MADAME DUPITON.

Laissez-moi... je vais appeler...

THOUVENEL, cherchant à enlacer madame Dupiton.

Appelle... appelle-moi, j'arriverai... je... je... (Éternuant très fort.) Atchoum! (A part.) Dieu! le signal. (On entend Dupiton éternuer très fort dans la coulisse.) Tiens, Dupiton y est aussi. (Nouvel éternuement de Dupiton.) Il m'appelle... je n'ai pas le temps. (A madame Thouvenel.) Les moments sont précieux... Un mot... un seul... (S'efforçant de retenir son éternuement.) Maudit tabac! (Haut.) Croyez que mon cœur... mon amour..... (Éternuant.) Atchoum! (Éternuement dans la coulisse.)

MADAME DUPITON, riant.

Plus tard... plus tard... quand vous serez moins enrhumé.

THOUVENEL, se levant.

Oh! je ne vous quitte plus... je m'attache à vos pas, je vous enveloppe... je vous enlace... comme le lierre, comme le lichen... (Il éternue. Éternuement dans la coulisse.)

MADAME DUPITON, se dérobant.

Il faut vous soigner, monsieur Thouvenel...

THOUVENEL.

Mais, Madame... (Éternuant.) Atchoum! (Éternuement dans la coulisse.)

MADAME DUPITON, sortant.

A vos souhaits.

* Madame D. T.

SCÈNE XII.

THOUVENEL, puis DUPITON, il a une cravate cerise.

THOUVENEL, seul, tenant son mouchoir.

Ah! si jamais je reprise...

DUPITON, entrant, un mouchoir à la main, à part.

Que le diable emporte la tabatière... ça allait si bien... Thouvenel! (Haut.) Ah ça! tu es donc sourd?

THOUVENEL.

Comment... est-ce que tu as? (Il éternue.) Atchum!

DUPITON, éternuant.

Je n'ai fait que ça... j'en pleure...

THOUVENEL.

Oh! c'est particulier... je n'ai rien entendu.. Mais toi?

DUPITON, embarrassé.

Moi... moi, non plus... Tiens! qu'est-ce que tu as donc là sur ta tête?

THOUVENEL.

Ça... c'est un bonnet... Dâme! tu comprends... rester là... à genoux, je m'enrhumais. (A part.) Pauvre Dupiton! (Haut.) Ah ça! tu as donc changé de cravate?

DUPITON.

Oui... celle-là est plus chaude... Mets-toi à ma place... à force de pérorer... j'avais mal à la gorge. (A part.) Pauvre Thouvenel! (Haut.) Ah ça! et ma femme? elle a dû se gendarmer...

THOUVENEL.

Ta femme?...

Air : *Voltaire chez Ninon.*

Ta femme, ne m'en parle pas,
C'est la vertu la plus farouche...
J'avais beau pousser des hélas!
Son mépris me fermait la bouche.
Je crus, à son air furieux,
Quand je lui peignis mon martyre,
Qu'elle allait me sauter aux yeux.

DUPITON, parlé.

J'en étais sûr!..

THOUVENEL, à part, chanté.

C'est au cou que je devrais dire.

DUPITON.

C'est comme la tienne... au premier mot... des cris... des menaces... ah! quelle femme! tu peux dormir sur les deux oreilles!

THOUVENEL.

Je le savais bien!..

DUPITON, à part.

Pauvre Thouvenel!

THOUVENEL.

Tout cela est bel et bien... mais notre expédition est totalement perdue.

SCÈNE XIII.

DUPITON.
Oui, nous avons manqué notre entrée... (*Par inspiration.*) Si nous recommencions?
THOUVENEL, *vivement.*
Ah! je veux bien !.. recommençons ! j'entends madame Thouvenel. A ton rôle... moi, j'entre chez ta femme.
DUPITON.
C'est ça... et cette fois nous éternuerons...
THOUVENEL.
A faire trembler la maison !..
DUPITON, *lui présentant sa tabatière.*
Encore une prise.
THOUVENEL.
Avec plaisir. (*A part.*) Prends-y garde.
DUPITON, *à part.*
Compte là-dessus... (*Tous deux feignent de priser et laissent tomber leur tabac.*)
THOUVENEL.
Surtout ne viens pas avant. (*Il sort vivement par la gauche.*)

SCÈNE XIII.
DUPITON, *puis* MADAME THOUVENEL.

DUPITON, *seul.*
C'est qu'elle est très bien la femme à Thouvenel!

Air : *Premier prix.*

Vraiment, de notre perfidie,
Je déplore le procédé,
Je commence une comédie...
Par l'amour je suis débordé...
Je tombe aux genoux de l'idole.
Mais du tabac, fâcheux effet...
Mon cœur demandait la parole..
C'était mon nez qui la prenait,
Et toujours mon nez la prenait.

MADAME THOUVENEL, *entrant par la droite, elle est en toilette de bal, à part.*
Le voici... oh! j'aurai mon écharpe!
DUPITON, *l'apercevant, à part.*
Elle est encore mieux comme ça, la femme à Thouvenel!.. (*Haut.*) Ah! Madame... je vous attendais... avec une impatience... un amour...
MADAME THOUVENEL.
Eh quoi ! vous pensez encore à ces folies.
DUPITON.
Qu'appelez-vous des folies ?.. un sentiment profond, durable, éternel... (*A part.*) Elle est bien mieux qu'Armide... (*Haut.*) Ah! Madame! quand le cœur parle...
MADAME THOUVENEL.
Plus bas... si mon mari vous entendait.
DUPITON.
Ne craignez rien,.. il est occupé... là-bas... avec ma femme.
MADAME THOUVENEL, *à part.*
On doit y parler diamants.

DUPITON.
Je vous le répète... quand le cœur parle...
MADAME THOUVENEL.
Ah ! Monsieur... j'espère que vous n'avez pas pris au sérieux un aveu que dans un moment de surprise... de colère contre mon mari...
DUPITON.
Une colère bien légitime.
MADAME THOUVENEL.
Me refuser cet objet de toilette !
DUPITON.
Au premier de l'an !
MADAME THOUVENEL.
Et un jour de bal !
DUPITON.
C'est monstrueux !
MADAME THOUVENEL.

Air : *Carlin de la marquise.*

Sans dentelle, à ce bal charmant !
De mon mari que va-t-on dire ?
DUPITON.
Si l'on vous suppose un amant,
Bien sûr il va prêter à rire.
A votre aspect les médisants,
Diront pour vous, je le déplore,
Que l'un ne fait plus de présents,
Que l'autre n'en fait pas encore.

MADAME THOUVENEL.
Aussi ce bal... je n'irai pas...
DUPITON.
Vous irez !
MADAME THOUVENEL.
Je n'ai pas d'écharpe?
DUPITON.
Vous en aurez.
MADAME THOUVENEL, *à part.*
Allons donc!
DUPITON.
Combien coûte-t-elle ?
MADAME THOUVENEL.
Je ne sais... deux mille francs.
DUPITON.
Juste !
MADAME THOUVENEL.
Juste !..
DUPITON.
Je cours !
MADAME THOUVENEL.
Vous ?..
DUPITON.
L'adresse ?.. l'adresse du magasin ?
MADAME THOUVENEL.
Oh! non, jamais! je ne souffrirai pas ! (*Changeant de ton.*) Rue Vivienne, 22.
DUPITON.
Ça suffit. (*Se jetant à ses genoux.*) Ah ! Madame, puisse cette preuve d'amour !..

SCÈNE XIV.

DUPITON, MADAME THOUVENEL, PONTRADI,
puis THOUVENEL.

PONTRADI, *entrant par le fond et apercevant Dupiton à genoux, pousse un cri.*

Ciel !

DUPITON, *se relevant.*

Que le diable emporte celui-là !

PONTRADI.

Monsieur Thouvenel?

DUPITON, *indiquant la porte à droite avec humeur.*

Il est là... (Pontradi *va ouvrir la porte à gauche, se reculant et poussant un second cri.*) Oh !

DUPITON, *à madame Thouvenel.*

Rue Vivienne, 22. (*Il sort vivement.*)

PONTRADI, *à part.*

Partie carrée !.. (*Descendant.*) Eh bien ! il se passe de jolies choses dans mon immeuble !

THOUVENEL, *sortant de la gauche, et à la cantonnade.*

Ça suffit... chez Janisset... rue Richelieu, 112, (*Apercevant Pontradi et sa femme.*) Oh ! (*Il sort furtivement par le fond.*)

MADAME THOUVENEL, *riant.*

Ah ! ah ! ah ! c'est charmant !

SCÈNE XV.

MADAME PONTRADI, MADAME THOUVENEL, MADAME DUPITON, *puis* UN DOMESTIQUE.

MADAME DUPITON, *entrant en riant, elle est en toilette de bal.*

Ah ! ah ! ah ! c'est délicieux !

PONTRADI *à part.*

Elles rient... ce sont des gaillardes, on peut se lancer. (*Il prépare près du bureau deux cornets de bonbons.*)

MADAME THOUVENEL, *bas à madame Dupiton.*

J'aurai mon écharpe.

MADAME DUPITON, *de même.*

On est allé chercher mes diamants... nous triomphons.

MADAME THOUVENEL, *de même.*

Pour aujourd'hui..... mais demain..... cette Amanda !...

MADAME DUPITON, *de même.*

Et cette Armide... Tiens ! nous ne serons tranquilles que lorsque ces vilaines femmes seront loin.

MADAME THOUVENEL, *de même.*

Que faire?

MADAME DUPITON, *de même.*

Eh mais... avec l'aide de M. de Pontradi...

MADAME THOUVENEL, *de même.*

Lui ?

MADAME DUPITON, *de même.*

N'a-t-il pas dans sa poche leur passeport pour Philadelphie ?.. et si nous y mettions un peu de coquetterie...

MADAME THOUVENEL, *de même.*

La coquetterie ! le 31 décembre... c'est d'ordonnance... essayons.

MADAME DUPITON, *de même.*

Essayons !..

PONTRADI, *à part, s'avançant avec deux cornets.*

Voici des munitions... commençons l'attaque ! (*Présentant un cornet à madame Thouvenel.*) Belle dame, veuillez accepter ces pastilles de menthe ! on dit que c'est tonique.

MADAME THOUVENEL, *acceptant.*

Ah ! monsieur de Pontradi !

PONTRADI, *à madame Dupiton.*

Voici des anis de Verdun... on dit que c'est stomachique *...

MADAME DUPITON, *acceptant.*

Ah ! monsieur de Pontradi !

PONTRADI, *les regardant l'une après l'autre, à part.*

Ah çà ! il faut pourtant faire un choix... je ne peux pas me couper en deux...

MADAME THOUVENEL, *qui s'est assise à gauche près du bureau.*

Ces pastilles sont délicieuses... elles brûlent la bouche.

PONTRADI, *courant à elle.*

Vous trouvez ?.. Oh ! je connais des yeux qui brûlent bien davantage.

MADAME THOUVENEL.

Ah ! que c'est délicat.

PONTRADI, *à part.*

Quel regard !... décidément je choisis celle-là.

MADAME DUPITON, *assise à droite près du guéridon.*

Monsieur de Pontradi !

PONTRADI, *courant à elle.*

Madame !

MADAME DUPITON.

Comment ! vous m'abandonnez ?... vous me laissez seule ?

PONTRADI.

Ah ! quel reproche !

MADAME DUPITON, *lui présentant son cornet avec coquetterie.*

Vous n'en prenez pas ?

PONTRADI, *puisant dans le cornet.*

De cette jolie main (*à part.*) blanche... potelée... Décidément, je choisis celle-là.

MADAME THOUVENEL.

Monsieur de Pontradi !

PONTRADI, *même jeu.*

Madame...

MADAME THOUVENEL.

Mon mari est occupé demain... est-ce que vous pourriez me conduire au concert... j'ai des billets.

PONTRADI.

Comment donc ! mais avec ivresse, un tête-à-

---

* Madame T. P. madame D.

tête!... (*A part.*) Ah! décidément je les choisis toutes les deux! (*Il se trouve au milieu de la scène.*)

MADAME DUPITON.
Monsieur de Pontradi!

PONTRADI.
Madame! (*Il fait un mouvement vers elle.*)

MADAME THOUVENEL.
Monsieur de Pontradi!

PONTRADI.
Madame! (*Mouvement dans l'autre sens; s'arrêtant et à part.*) Plaire à deux femmes c'est bien embarrassant. (*Les deux femmes se lèvent et vont à lui.*)

MADAME DUPITON.
Il faut donc venir vous trouver?

MADAME THOUVENEL, *passant son bras sous le sien.*
Tenez, vous êtes un enfant gâté.

MADAME DUPITON, *de l'autre côté, même jeu.*
Un petit volage.

PONTRADI, *dans le ravissement.*
Oh! oh! oh! à soixante-deux ans, je suis comme Ninon!

MADAME THOUVENEL.
Ah! si vous n'étiez pas si coureur!

MADAME DUPITON.
Si mauvais sujet!

PONTRADI.
Je vous jure!

MADAME THOUVENEL.
Oh! nous savons bien des choses, Monsieur... cette Amanda...

PONTRADI.
Une créature de théâtre!... allons donc!

MADAME DUPITON.
Et mademoiselle Armide?

PONTRADI.
Autre créature.

MADAME DUPITON.
Que vous tenez à garder à Paris...

PONTRADI.
Parce qu'elle est détestable.

MADAME DUPITON, *câlinant.*
Je serais si heureuse de la savoir en Amérique!

PONTRADI.
Permettez...

MADAME DUPITON, *bas, avec jalousie.*
Il le faut!

PONTRADI.
Oh!

MADAME THOUVENEL, *de même.*
Je le veux!

PONTRADI.
Ah!... cela suffit; voici leurs engagements, et d'un trait de plume... (*Il se dirige vers le bureau.*) Jalouses toutes deux... quel pronostic! (*Il signe.*)

MADAME DUPITON, *bas, à madame Thouvenel.*
Connais-tu quelque chose de plus sot qu'un homme?

MADAME THOUVENEL.
Chut!... il ne faut pas le dire.

PONTRADI, *remettant les deux engagements.*
Voici... et voilà!... avec les adresses.

MADAME THOUVENEL, *à un domestique qui entre.*
Qu'est-ce?

LE DOMESTIQUE.
Un carton et un écrin qu'on envoie pour ces dames.

MADAME THOUVENEL, *vivement.*
Mon écharpe!

MADAME DUPITON, *de même.*
Mon collier!

MADAME THOUVENEL.
Ah! Pierre!

LE DOMESTIQUE.
Madame!

MADAME THOUVENEL.
Cette lettre à mademoiselle Amanda. (*Elle remet le papier et sort vivement à gauche.*)

MADAME DUPITON.
Ce billet à mademoiselle Armide. (*Elle remet le papier et sort vivement à droite.*)

SCÈNE XVI.

PONTRADI, LE DOMESTIQUE, THOUVENEL, puis DUPITON, puis MADAME THOUVENEL, puis MADAME DUPITON.

THOUVENEL, *entrant vivement, au domestique.*
A-t-on apporté un écrin?

LE DOMESTIQUE.
Oui, Monsieur.

THOUVENEL.
Bravo! (*Il descend à gauche.*)

DUPITON, *entrant de même, au domestique.*
A-t-on apporté un carton?

LE DOMESTIQUE.
Oui, Monsieur.

DUPITON.
Bravissimo! (*Il descend à droite, le domestique sort. Apercevant Thouvenel.*) Tiens! te voilà! (*Ils se serrent la main.*)

MADAME THOUVENEL, *entrant, à son mari.*
Ah! mon ami! arrive donc que je te remercie, rien ne pouvait m'être plus agréable.

THOUVENEL.
Quoi donc?

MADAME THOUVENEL.
Eh bien! mais... cette écharpe.

DUPITON, *à part.*
Aïe! elle se trompe!

THOUVENEL, *apercevant l'écharpe.*
Comment... en effet... ah çà! qui donc s'est

permis... (*A ce moment il aperçoit Pontradi qui se promène au fond en fredonnant :* Enfant chéri des dames.) Pontradi !

MADAME DUPITON, *entrant à son mari.*
Ah ! mon ami !... que de remerciements !

DUPITON, *sans la regarder.*
Que veux-tu, ma bonne, les affaires sont si mauvaises... la crise...

MADAME DUPITON.
Ne s'est pas fait sentir chez nous... car ce collier...

DUPITON, *la regardant.*
Hein ! des diamants ?... Qui donc a pris la liberté.... (*Apercevant Pontradi. A part.*) Pontradi !
Thouvenel et Dupiton prennent chacun Pontradi par une main, et l'amènent sur le devant de la scène.)

THOUVENEL.
Vous êtes un vieux drôle !

DUPITON.
Un énorme polisson !

PONTRADI.
Messieurs ! un propriétaire !

DUPITON.
Qui donne des diamants à ma femme pour la séduire.

THOUVENEL.
Et des dentelles à la mienne pour la faire trébucher.

PONTRADI.
Moi !... Certainement, je suis prodigue... mais si quelqu'un a donné des dentelles à Madame... (*Indiquant Dupiton.*) c'est Monsieur.

THOUVENEL, *à Dupiton.*
Comment ! toi ?

DUPITON, *embarassé.*
Eh bien ! dame !... eh bien ! oui, moi ! puisqu'il faut te le dire, je gémissais de te voir refuser ce brimborion de dentelle à une femme... si digne de le porter... et je me suis permis... de ta part... (*Tirant un papier de sa poche.*) Voici la note : c'est deux mille francs.

THOUVENEL.
Oh ! voilà qui est charmant... mais c'est comme moi... j'ai eu la même idée... je gémissais...

DUPITON.
Nous gémissions tous les deux.

THOUVENEL.
Et ces diamants... (*Tirant aussi un papier.*) Voici la note... c'est deux mille francs.
(*Ils échangent les notes.*)

DUPITON.
Tiens ! nous sommes quittes.

THOUVENEL.
Et maintenant, si tu m'en crois, nous ne ferons plus de chassez-croisés... qu'au bal. (*A sa femme.*) Madame Thouvenel, je vous invite pour la première contredanse.

DUPITON, *à sa femme.*
Je m'inscris pour le même numéro.

MADAME THOUVENEL.
Quelle charmante partie... à quatre. (*Les deux couples se placent en face l'un de l'autre comme pour une contredanse.*)

PONTRADI, *s'avançant au milieu.*
Eh bien ! et moi ?

MADAME DUPITON.
Vous... vous vous placerez au milieu.

PONTRADI.
Ah ! oui... comme aux quatre coins... Je n'aime pas ce jeu-là... pourtant ces dames m'avaient fait espérer...

MADAME THOUVENEL, *se moquant.*
Ah !... ça se retrouvera, monsieur de Pontradi.

MADAME DUPITON, *de même.*
Ce sera pour l'an prochain.

THOUVENEL ET DUPITON, *de même.*
A l'an prochain ! à l'an prochain !

CHŒUR.

AIR : *Ah ! le bel oiseau !*

Vive, vive l'an prochain !
  Échéance
  Qui s'avance ;
Adieu donc, passé mesquin,
Tout doit être au mieux demain.

MADAME THOUVENEL.
Le roman par feuilleton,
Pour nous endormir en forme,
Ne veut plus faire, dit-on,
Concurrence au chloroforme..

TOUS, *parlé.*
Ah bah !

MADAME THOUVENEL.
Ce sera pour l'an prochain !

TOUS, *continuant l'air.*
  Échéance
  Qui s'avance,
Adieu donc, etc.

MADAME DUPITON.
L'Opéra doit promptement
Badigeonner, pour sa gloire,
Un peu moins... son monument,
Un peu plus... son répertoire.

TOUS, *parlé.*
Ah bah !

Ce sera, etc.

PONTRADI.
Repeinte du bas en haut,
Oui, la salle du Gymnase
Doit faire tomber bientôt
Ses abonnés en extase.

SCÈNE XVI.

TOUS, *parlé*.

Ah bah !
   Ce sera, etc.

DUPITON.

L'Institut, de ses censeurs,
Pour repousser la censure,
Prendra ses littérateurs
Parmi... la littérature.

TOUS, *parlé*.

Ah bah !
   Ce sera, etc.

THOUVENEL, *au public*.

En faveur de l'à-propos
Pardonnez à cette pièce.
Messieurs, les petits cadeaux,
Entretiennent la tendresse !
Au moins jusqu'à l'an prochain !
   Que la pauvrette
   Végète !
Ce soir, tendez-lui la main,
Vous la jugerez demain.

TOUS.

Au moins jusqu'à l'an prochain ! etc.

FIN.

LAGNY. — Typographie de GIROUX et VIALAT.

EN VENTE, CHEZ LE MÊME ÉDITEUR :

Titre	Prix	Titre	Prix	Titre	Prix	Titre	Prix
L'Aïeule.	75	Mariage du Gamin de Paris.	50	La Charbonnière.	60	Tentale.	50
Monstre de Femme.	40	Veille du Mariage.	60	Le Code des Femmes.	50	Deux Loups de mer.	50
Charles-Quint.	50	Paris bloqué.	60	On demande des Professeurs.	50	Opéra.	50
Vicomte de Létorières.	60	Un Ménage Parisien.	»	Le Pot aux Roses.	50	La Croisée de Berthe.	50
Les Fées de Paris.	50	La Bonbonnière.	50	La Grande et les Petites		La Filleule à Nicot.	50
Pour mon Fils.	50	Adrien.	50	Bourses.	50	Les Charpentiers.	50
Lucienne.	50	Pierre le millionnaire.	60	L'Enfant de la Maison.	50	Mademoiselle Fariboie.	50
Les Jolies Filles de Silberg	40	Carlo et Carlin.	50	Riche d'Amour.	60	Un Cheveu Blond.	60
L'Enfant de Chœur.	40	Le Moyen le plus sûr.	40	La Comtesse de Moranges.	50	La Recherche de l'Inconnu.	50
Le Grand Palatin.	50	Le Papillon Jaune et Bleu.	50	L'Amoureux.	50	Les Impressions de ménage.	50
La Tante mal gardée.	50	Polka en Province.	40	La Gloire et le Pot-au-Feu.	50	L'Homme aux 160 millions.	50
Les Circonstances atténuantes.	»	Une Séparation.	40	Les Pommes de terre malades.	60	Pierrot Posthume.	50
La Chasse aux Vautours.	40	Le roi Dagobert.	50	Le Marchand de Marrons.	60	La Déesse.	60
Les Batignollaises.	»	Frère Galâtre.	60	V'là ce qui vient d' paraitre.	60	Une Existence décolorée.	50
Une Femme sous les Scellés.	40	Nicaise à Paris.	40	La Loi salique.	»	Elle... ou le Mort.	»
Les Aides de Camp.	»	Le Troubadour-Omnibus.	50	Vingt au Ciel.	50	Didier l'honnête homme.	»
Le Mari d'essai.	60	Un Mystère.	50	L'Eau et le Feu.	50	L'Enfant de quelqu'un.	60
Chez un Garçon.	40	Le Billet de faire-part.	60	Beaugaillard.	50	Les Chroniques bretonnes.	»
Jakel's-Club.	»	Polcinella.	60	Mardi gras.	40	Haydée ou le Secret.	1 »
Mérovée.	50	Fiorina.	60	Le Retour du Conscrit.	40		
Les deux Couronnes.	60	La Sainte-Cécile.	60	Le Mari perdu.	40		
Ap Croissant d'Argent.	50	Follette.	60	Dieux de l'Olympe.	40		
Le Château de la Roche-Noire.	40	Deux Filles à marier.	50	Le Carillon de Saint-Mandé.	50		
Mon illustre Ami.	»	Monseigneur.	50	Genèvre.	»		
Le premier Chapitre.	50	À la Belle Étoile.	50	Mademoiselle ma Femme.	50		
Talons en congé.	40	Un Ange totalaire.	50	Mal du pays.	50		
L'Omelette fantastique.	50	Un Jour de Liberté.	60	Mort civilement.	50		
La Dragonne.	50	Wallace.	50	Veuve de quinze ans.	50		
La Sœur de la Reine.	50	L'Écolier d'Oxford.	50	Garde-Malade.	50		
La Vendetta.	50	L'Oiseau du Bocage.	50	Fruit défendu.	»		
Le Poète.	»	Paris v'tous les Diables.	50	Un Cœur de Grand-Mère.	»		
La Maîtresse anonyme.	50	Une Averse.	60	Nouvelle Clarisse.	»		
Les Informations conjugales.	50	Madame de Cérigny.	50	Place Vendôme.	60		
Le Loup dans la Bergerie.	50	Le Fiacre et le Parapluie.	50	Nicolas Poulet.	50		
L'Hôtel de Rambouillet.	60	Morale en action.	50	Roch et Lue.	50		
Les deux Impératrices.	»	Liberté Libertas.	»	La Protégée sans le savoir.	50		
La Caisse d'Épargne.	60	L'Île du Prince Tpatou.	40	Une Tâte Terrible.	50		
Thomas le Rageur.	»	Mimi Rincou.	»	La Planète.	»		
Derrière l'Autel.	»	Patrick 170.	»	Si l'Homme qui m'a cherché	»		
La Villa Duffor.	»	Les deux Viveurs.	50	Maître Jean, ou le Comédien à	»		
Péroline.	»	Les deux Pierrots.	50	la Cour.	60		
La Femme à la Mode.	»	Seigneur des Broussailles.	50	Ne touchez pas à la Reine.	»		
Les Égarements d'une Canne	»	Un Poisson d'Avril.	50	Une Amende à Paris.	60		
et d'un Parapluie.	»	Deux Tambours.	50	Mr Corbeau.	»		
Des deux Ânes.	»	Contant la Girouette.	»	Bal et Boutique.	»		
Féliquot, coiffeur de Dames.	50	L'Amour dans tous les Quar-	»	Un Bouillon d'onze heures.	50		
L'Anneau d'Argent.	»	tiers.	60	Cœur de Biberach.	50		
Recette contre l'Embonpoint.	50	Madame Bugolin.	»	D'Artois.	50		
Don Pasquale.	»	Petit Poucet.	50	Partie à trois.	50		
Mademoiselle Déjazet au Sé-		Campana.	60	Une Femme qui se jette par			
rail.	40	Escadron Volant.	50	la fenêtre.	60		
Tmbouilé le Cruel.	»	Le Lansquenet.	»	Avocat pédicure.	»		
Femme.	»	Une Vix.	»	Trois Paysans.	»		
Les Canots.	»	Agni Darina.	»	Chasse aux Jobards.	»		
Entre Ciel et Terre.	60	Amours de M. Denis.	50	Mademoiselle Grabuzon.	»		
La Fille de Figaro.	»	Porthos.	»	Père d'occasion.	»		
Métier et Quenouille.	50	La Pêche aux Beaux-Pères.	40	Croquignole.	»		
Angélique et Médor.	50	Revolte des Marmots.	»	Henriette et Chabot.	»		
Lolas.	»	De l'affreux Mari.	»	Le chevalier de Saint-Remy.	»		
Écrire en famille.	»	Un grand Seigneur.	60	Malheureux comme des Rois.	»		
L'autre Part du Diable.	»	L'Homme de la Cour.	»	Où vont les jeunes Filles.	»		
La Chasse aux Belles Filles.	»	Une Confidence.	»	Secours contre l'Incendie.	»		
La Salle d'Armes.	40	Le Ménétrier.	60	Chapeau gris.	»		
Une Femme compromise.	»	L'Almanach des Muses-Mor-	»	Sans Dot.	»		
Patinage.	»	ses.	»	La Sirène du Luxembourg.	»		
Madame Roland.	60	Une Histoire de Voleurs.	60	Homme Sanguin.	»		
L'Esclave du Camoëns.	50	Les Mars aux mille feuilles.	»	La Fille obstinée.	»		
Les Réparations.	50	Enseignement Musical.	50				

En vente, chez le même Éditeur :

THÉÂTRE COMPLET DE MADAME ANCELOT

QUATRE VOLUMES IN-8

Superbe édition ornée de vingt gravures sur bois par M. Raffet

Et de vingt têtes d'expression lithographiées

LES DESSINS SONT DE MADAME ANCELOT

Sagny, imp. de Divez et Violet.

www.ingramcontent.com/pod-product-compliance
Lightning Source LLC
Chambersburg PA
CBHW070538050426
42451CB00013B/3077